55185562R00057

Made in the USA
Columbia, SC
10 April 2019